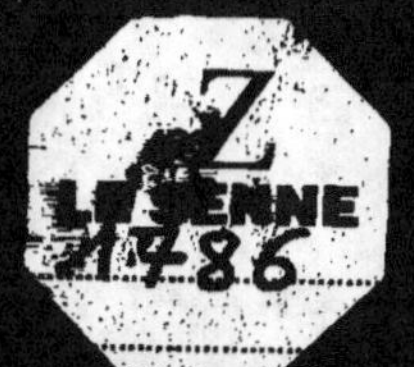

Z
LESENNE
1486

AF340134

Hommage de l'Auteur

UNE
XYLOGRAPHIE
FRANÇAISE

PAR

L'Abbé Jean GASTON

Extrait de la Revue des Bibliothèques, nos 1-3, Janvier-Mars 1910

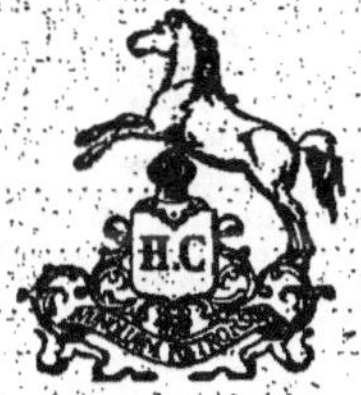

PARIS (VIᵉ)

LIBRAIRIE ANCIENNE HONORÉ CHAMPION, ÉDITEUR

5, QUAI MALAQUAIS, 5

1910

Tous droits réservés

Librairie H. CHAMPION, éditeur, 5, Quai Malaquais, Paris

HYGINI ASTRONOMICA

Texte du manuscrit tironien de Milan
Publié par **Emile CHATELAIN**, *de l'Institut* et **P. LEGENDRE**
1909. In-8, avec 8 héliogravures : **8 fr.**

Bulletin mensuel des récentes publications françaises. Bibliothèque nationale. *Nouvelle série méthodique* : Abonnement : **10 fr.** ; U. P. **12 fr.**
Exemplaires imprimés d'un seul côté sur papier pelure destinés à être collés sur fiches : **15 fr.**

Ce recueil qui enregistre mensuellement le dépôt légal de l'imprimerie française contient également le titre des nombreux ouvrages entrés chaque mois à la Bibliothèque Nationale par dons, dans la mesure où ces ouvrages viennent compléter le dépôt légal.
Le Bulletin se trouve ainsi être **la bibliographie française la plus complète.**
Il a été tiré à l'usage des bibliothèques des **exemplaires sur papier pelure** dont les notices découpées peuvent être utilisées pour les commandes en libraires et ensuite pour les divers catalogues.
Le prix de l'abonnement est de **15 fr.**
Les douze fascicules mensuels sont complétés par une **double table annuelle**, l'une des noms des auteurs, éditeurs et traducteurs, l'autre des mots typiques caractérisant spécialement le sujet traité dans chacun des ouvrages mentionnés.
Grâce à ces tables, les volumes annuels du Bulletin constitueront des instruments de recherches bibliographiques permettant de retrouver à partir de 1909 les ouvrages publiés en France sur les sujets les plus particuliers.

LES DESSINS DU CABINET PEIRESC

AU CABINET DES ESTAMPES DE LA BIBLIOTHÈQUE NATIONALE
par **Joseph GUIBERT**, du Cabinet des Estampes
ANTIQUITÉS — MOYEN AGE — RENAISSANCE

In-4 de 100 pages de texte et XXV planches dont XVII en couleurs, tiré à 125 exemplaires numérotés **50 fr.**

Peiresc fut le roi des collectionneurs de l'ancienne France. Il y a plusieurs sortes de collectionneurs : tel est un marchand, tel autre un pur amateur. Peiresc fut surtout un savant. Les débris les plus vénérables lui paraissaient être avant tout des objets d'étude, les pièces à conviction d'un passionnant procès débattu entre archéologues, de muets témoins auxquels il fallait rendre la parole pour que la science pût être fondée !
A l'âge de vingt ans, comme un apprenti compagnon faisant son tour de France, il entreprit le tour de l'Europe savante. Sa jeune science provoquait l'étonnement et le respect ; son caractère éveillait la sympathie, si bien que ses hôtes d'un jour restèrent les amis de toute sa vie. Jusqu'à son dernier jour, il correspondait avec eux ; c'était une académie idéale, dont il s'était fait le secrétaire perpétuel.
Ainsi s'échangeaient, d'un bout à l'autre de l'Europe, les renseignements, les documents, les dessins, les avis. Quand Peiresc mourut (1637), son cabinet renfermait une énorme quantité de papiers précieux. Un certain nombre de ces cartons furent vendus, d'autres furent détruits ; ceux qui ont survécu sont maintenant conservés dans diverses bibliothèques de France. Il en est deux, et non des moindres, qui paraissent avoir échappé aux recherches de la plupart des érudits. Ils sont au Cabinet des Estampes de la Bibliothèque nationale, et renferment une grande quantité de dessins pleins d'intérêt pour les amateurs comme pour les savants.

Les Noms des saints bretons, par J. Loth. In-8 de 149 pages .... **3 fr.**
Les Finances des cités grecques, par H. Francotte. In-8 de 315 pages .... **7 fr.**
Annales historiques de la ville de Saint-Jean-de-Losne (Côte-d'Or et ancien duché de Bourgogne), depuis ses origines jusqu'en 1789 et d'après les archives départementales et communales, par Ph. Dhetel. 2 forts vol. in-4 de XXVI-671-497 pages, cartes, plans, vues et portraits hors texte (Ouvrage terminé) .... **40 fr.**
Essai sur la composition du roman gallois de Peredur, par Mary Rh. Williams. In-8 de VI-123 pages .... **3 fr. 50**
Histoire de la propriété ecclésiastique en France, par E. Lesne. Tome 1er. Epoques romaine et mérovingienne. In-8, II-496 pages .... **10 fr.**
L'Origine des menses dans le temporel des églises et des monastères de France au IVe siècle, par E. Lesne. In-8 de II-165 pages .... **3 fr. 50**

REVUE DE L'ART CHRÉTIEN

6 nos in-4 par an avec de nombreuses planches
Abonnement annuel : France et Belgique, **20 fr.** ; étranger, **25 fr.**

La **Revue de l'art chrétien,** fondée en 1857 par l'abbé Corblet et qui forme aujourd'hui 60 volumes, est bien connue des archéologues, des amateurs et des libraires. Son format in-4, qu'elle continuera, permet des illustrations abondantes et précises — et c'est dans ce sens que s'orientera surtout la nouvelle direction. Chaque numéro contiendra plusieurs phototypies, de nombreuses planches hors texte et dans le texte, formant en peu de temps comme un **Corpus iconographique de l'art religieux dans le monde** mis ainsi à la portée de tous les travailleurs par la modicité de son prix d'abonnement. Parmi les collaborateurs assurés et dont plusieurs sont représentés dès le premier fascicule de 1910, citons :
Marcel Aubert, de la Bibliothèque Nationale. — Emile Bertaux, ancien membre de l'Ecole française de Rome professeur à l'Université de Lyon. — Amédée Boinet, bibliothécaire à la Bibliothèque Sainte-Geneviève. — Auguste Brutails, archiviste de la Gironde. — Dom Cabrol. — Louis Cloquet, professeur à l'Université de Gand. — Charles Diehl, ancien membre des Ecoles françaises de Rome et d'Athènes, professeur à l'Université de Paris. — Mgr. Duchesne, de l'Institut, directeur de l'Ecole française de Rome. — Georges Durand, archiviste de la Somme. — Cte Paul Durrieu, membre de l'Institut, conservateur honoraire du Musée du Louvre. — J. Guiffrey, de l'Institut. — Raymond Koechlin. — L.-H. Labande, archiviste de Monaco. — Eugène Lefèvre-Pontalis, directeur de la Société française d'Archéologie, professeur à l'Ecole des Chartes. — Emile Male, professeur à l'Université de Paris. — Conrad de Mandach, docteur de l'Université de Paris. — Léon Maitre, archiviste de la Loire-Inférieure. — Jean Marquet de Vasselot, attaché au département des objets d'art et du musée du Louvre. — Henry Martin, administrateur de la Bibliothèque de l'Arsenal. — André Michel, conservateur au musée du Louvre. — André Pératé, ancien membre de l'Ecole française de Rome, conservateur-adjoint du musée de Versailles. — Paul Perdrizet, professeur à l'Université de Nancy. — Mlle Louise Pillion. — MM. Maurice Prou, membre de l'Institut, professeur à l'Ecole des Chartes. — Henry Stein, sous-chef de section aux Archives nationales. — Paul Vitry, conservateur adjoint au musée du Louvre, professeur à l'Ecole des Arts décoratifs, etc. etc.

UNE
XYLOGRAPHIE
FRANÇAISE

PAR

L'ABBÉ JEAN GASTON

Extrait de la Revue des Bibliothèques, n°s 1-3. Janvier-Mars 1910

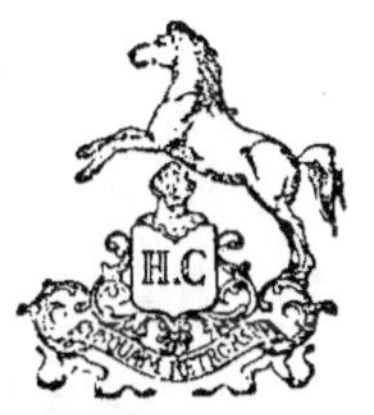

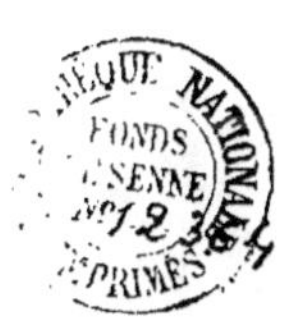

BIBLIOTHÈQUE NATIONALE
FONDS
RÉSERVE
N° 12
IMPRIMÉS

PARIS (VIe)

LIBRAIRIE ANCIENNE HONORÉ CHAMPION, ÉDITEUR

5, QUAI MALAQUAIS, 5

—

1910

Tous droits réservés

UNE XYLOGRAPHIE FRANÇAISE

Ce n'est pas aux lecteurs de la *Revue des Bibliothèques* qu'on pourrait apprendre que les plats des anciennes reliures du XVe siècle et de la première partie du XVIe sont souvent constitués, non par du carton proprement dit, mais par des feuillets de livres ou de manuscrits fortement collés et agglomérés.

En décapant les reliures de cette époque on a souvent découvert des fragments d'ouvrages depuis longtemps perdus, des documents de toutes sortes, voire même des miniatures, des jeux de cartes ou de précieuses xylographies.

C'est une trouvaille de ce genre — et non des moins curieuses — que nous avons eu la bonne fortune de faire dans les plats d'une reliure ancienne qui recouvrait un volume de 1522 : les Lettres de Pierre le Vénérable, abbé de Cluny, publiées à Paris chez Damien Higman par Pierre de Montmartre [1].

Il s'agit d'un important fragment d'une estampe xylographique coloriée, qui mesurait dans son intégrité environ 0,54 sur 0,40 et dont presque toute la moitié inférieure est maintenant en notre possession.

On sait l'extrème rareté de ces pièces et le vif intérêt de curiosité qu'elles provoquent, surtout depuis les travaux de M. Henri Bouchot pour la France et M. Schreiber pour l'Allemagne.

Aussi bien le fragment que nous avons découvert et qui est d'importantes dimensions (0,27 sur 0,37) mérite-t-il sans doute d'être signalé aux curieux de l'histoire de l'art — d'autant plus qu'il s'agit d'une œuvre française et dont l'auteur est identifié avec certitude.

---

(1) D. Petri Vene ‖ rabilis. Integerrime & vere Christianæ doctrine viri, Cluniacen ‖ sis quondā Abbatis : opera haud vulgaria. D. Petri de mote martyr. ‖ theologice professionis viri doctissimi, cura & labore nunc primum ‖ in lucem edita. *Et au verso du feuillet CCXXIIII :* Impressum Parrisiis opera egregii Impressoris ‖ Ioannis de Prato : expensis vero Honestissimi mer ‖ catoris Damiani Hichmā. Anno dñi. M. CCCCCXXII ‖ die. XXVIII. Aprilis. — Notre exemplaire était relié en veau brun avec ornements estampés à froid.

***

Le fragment que nous allons décrire et que nous avons réussi grâce à d'infinies précautions à dégager heureusement des feuillets de toutes sortes qui le recouvraient de part et d'autre [1], se compose de deux morceaux absolument et parfaitement complémentaires, trouvés chacun dans l'un des plats de la reliure du volume déjà indiqué.

On y voit le bas d'une grande figure drapée, chaussée de souliers à mailles de fer et armée d'une énorme massue, qui foule aux pieds un personnage coiffe d'un chapeau surmonté d'une couronne fermée et tenant un sceptre [2].

Un titre en lettres gothiques, inscrit dans un petit rectangle au-dessous de la figure principale, nous avertit que cette figure symbolise la vertu de « *Force* » — et une banderolle qui se déroule en pleine planche à droite près du personnage terrassé, nous apprend que ce roi n'est autre qu' « *Holoferne le despit* ».

Au bas de l'estampe se lisent les huit vers suivants, écrits en caractères gothiques également xylographiques et distribués sur quatre lignes seulement :

> *S'il vous aduiet perte ou domage*
> *par subtilles inuentions.* ||
> *Comme accides noises oultraiges*
> *napp'tes vindications.* ||
> *Soustenes les corrections*
> *pour lhonneur du doulx create[ur].* ||
> *Et toutes tribulations*
> *portes par force en [v]os[tre cueur].* ||

(1) Il y avait notamment une curieuse épreuve en placard avec corrections manuscrites, appartenant à un calendrier liturgique pour les mois de février et mars 1519. On y remarque le *deleatur* qui est encore en usage aujourd'hui.

(2) La reproduction en phototypie qui est jointe à la présente communication nous dispense d'une description plus détaillée.

Nous dirons seulement que cette pièce est coloriée en plusieurs tons : rouge, bleu, jaune, terre de Sienne et superposition de bleu clair et de terre de Sienne donnant un violet. Les couleurs sont restées vives et n'ont nullement souffert de l'action de l'eau bouillante pendant le décapage.

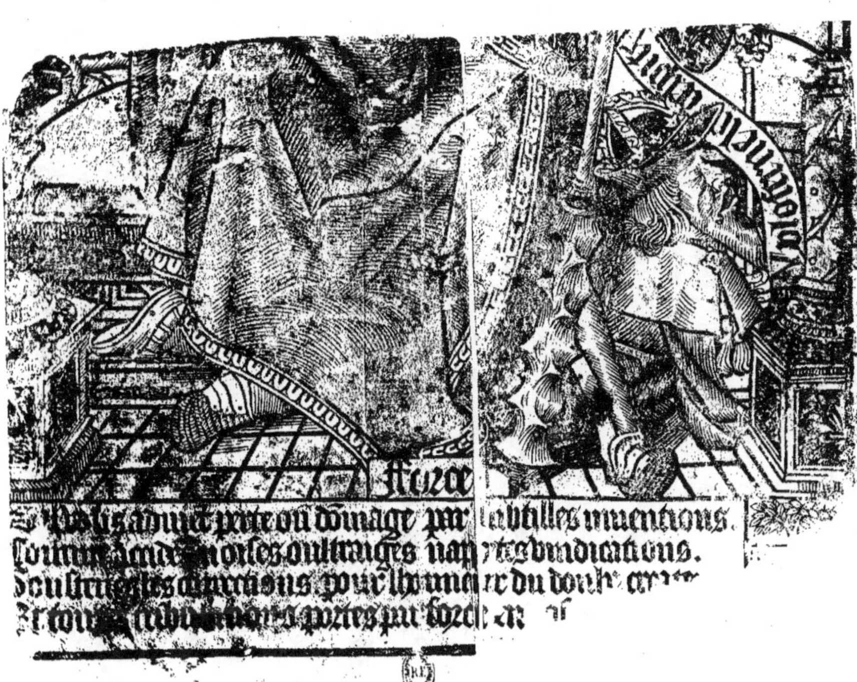

D. A. LONGUET, Imp.

LA VERTU DE FORCE — Xylographie du graveur lyonnais ANTOINE CHEVALLIER, en épreuve coloriée.
(Fragment de 0,27×0,37, trouvé dans une reliure ancienne)

Les mêmes vers se retrouvent dans les *Grandes Heures de Simon Vostre à l'usage de Rouen pour 1508*[1] et c'est ce qui nous a permis de restituer avec certitude les finales des deux dernières lignes qui sont incomplètes dans le fragment que nous avons découvert.

***

Il y a tout lieu de penser que l'estampe que nous venons de décrire faisait partie d'une « Suite », consacrée aux Vertus et qu'il en existait de semblables dans la même série pour la Foi, l'Espérance, la Charité, la Prudence, la Justice et la Tempérance.

Les *Grandes Heures de Simon Vostre* que nous venons de citer contiennent dans les vignettes qui encadrent le texte six figures symbolisant autant de Vertus.

On y voit uniformément une femme avec différents attributs, qui foule aux pieds un personnage nommément désigné. Pour la Foi, c'est Mahomet ; pour l'Espérance, Judas ; pour la Charité, Hérode ; pour la Justice, Néron ; pour la Prudence, Sardanapale ; et pour la Force, Holopherne.

Le symbolisme d'Holopherne terrassé par la vertu de Force était donc, si l'on peut ainsi parler, *classique* à la fin du xve siècle et au début du xvie et on en trouverait de nombreux exemples pour les siècles antérieurs en dépouillant les anciens manuscrits. M. Léon Dorez a signalé ainsi plusieurs miniatures de la vertu de Force avec le personnage d'Holopherne, dans le volume qu'il a publié en 1904 à Bergame sous ce titre : *La Canzone delle vitie e delle scienze di Bartolomeo Bartoli di Bologna*[2].

Les vers eux-mêmes que nous lisons sur l'estampe xylographique récemment découverte tiennent évidemment à une série de légendes traditionnelles, puisqu'on les retrouve dans les encadrements des Livres d'Heures.

(1) *Bibliothèque Mazarine*. Re 19556. — C'est à M. Rahir, le très érudit libraire parisien, que nous sommes redevable de la connaissance des huitains inscrits dans les bordures de ce livre d'Heures.
(2) *Bibliothèque de l'Institut*. N. S. 1669, in-4°.

Voici à titre d'exemple, et toujours d'après les Grandes Heures de Simon Vostre pour Rouen (1508), divers huitains correspondant à celui que nous avons déjà cité pour la vertu de Force.

Vertu d'*Espérance* [1]

Les temps les gens sont difficiles,
Povres humains sont en souffrance,
Guerres debatz noises castilles
Discords voyons régner en france.
Lennemy par oultrecuidance
En secret nous livre lassault ;
Mais ayons en dieu espérance,
Car il congnoist ce qu'il nous fault.

Vertu de *Charité*

Les povres mondains misérables
Nous voyons en perplecité,
Endurans maulx innumérables
Sans plaisir ne felicité,
Et gens mis en auctorité
Obstinez en leur avarice :
Tout par faulte de charité,
Ou charité est na nul vice

Vertu de *Prudence*

Gens voullentifz hastis trop chaulx
Qui vous vengez en diligence
Et ne prenez point garde aux maulx
Que envers dieu faictes et loffence,
Faictes ung petit dabstinence
Quant vous voulez vengeance querre
Ceulx qui vellent croire prudence
Aiment paix et chassent hors guerre.

Le mauvais état de la reliure que nous avons décapée ne nous a pas permis de sauver un des coins de l'estampe xylographique conservée dans les plats. Toute cette partie s'effritait presque et c'est

---

(1) Nous transcrivons ces vers sans les abréviations orthographiques nécessitées par l'exiguité des bordures dans les *Heures* auxquelles nous les empruntons.

même ce qui nous avait déterminé à sacrifier cette reliure pour en explorer le contenu.

Du moins nous avions lu avec une netteté absolue un nom qui se trouvait écrit en lettres gothiques de moyenne grandeur, sur une bande transversale, dans le coin inférieur droit de la xylographie, celui d'*Antoine Chevallier*.

Ce nom nous était parfaitement inconnu, et c'est M. Emile Picot, de l'Institut, à qui notre trouvaille avait été soumise, qui nous en révéla tout l'intérêt. Il y reconnut en effet la signature d'un peintre et « *faiseur d'ymaiges en pappier* » signalé par M. Natalis Rondot dans son ouvrage sur *Les graveurs sur bois et les imprimeurs à Lyon au XVᵉ siècle*[1]. Cet artiste — l'auteur de notre xylographie, — travaillait à Lyon où on relève son existence en 1499 et il dut mourir vers 1518-1528[2].

*
* *

M. Natalis Rondot fait précéder la liste où il est question d'Antoine Chevallier de cet avertissement : « *Les noms qu'on trouvera ci-après sont restés obscurs ; ils sont en l'état présent des choses sans intérêt ; mais ils peuvent en acquérir quelque jour et c'est pourquoi nous ferons une briève mention de chacun de ces graveurs.* »

Notre heureuse trouvaille aura contribué à réaliser, pour le graveur Antoine Chevallier, l'espérance du savant érudit lyonnais. Et peut-être ne sera-t-elle pas indifférente aux historiens d'art, si curieux de tout ce qui touche aux origines de la gravure française.

(1) Paris, Claudin, 1906, in-8°, page 132.

(2) Antoine Chevallier était marié et demeurait dans la rue de la Grenette. Ces deux détails me sont encore fournis par M. Natalis Rondot dans un autre de ses ouvrages : *Les Peintres de Lyon du quatorzième au dix-huitième siècle* (Paris, Plon, 1888, p. 75). Un « painctre en papier » du nom d'Etienne Chevallier est signalé aussi à Lyon en 1515-1517 (*Ibidem*, p. 79).

La *Bibliographie lyonnaise* de Baudrier (1ʳᵉ série, 1895) signale plusieurs imprimeurs du nom de *Chevallier* qui exerçaient à Lyon, au xvıᵉ siècle : *Loys*, taxé en 1506 ; — *Pierre*, taxé en 1529-1539 ; — *Aymon*, taxé en 1533 ; — *Bertrand* (1545-1554).

Abbé Jean GASTON
Vicaire à Saint-François-de-Sales, Paris.

———

DIJON, IMPRIMERIE DARANTIERE

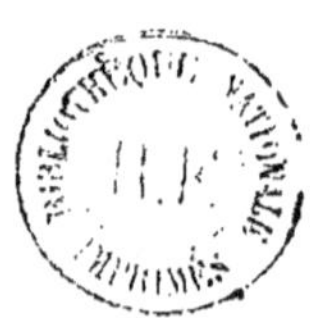

REVUE BÉNÉDICTINE

Revue scientifique d'Histoire et de Littérature religieuse paraissant tous les trois mois en fascicules de 152 pages in-8.

ABBAYE DE MAREDSOUS

BELGIQUE

Abonnement : 10 francs, Belgique. — 12 fr. 50, Union Postale.

XXVIᵉ ANNÉE : 1910

SOMMAIRE DES FASCICULES DE 1909

N° 1. JANVIER 1909.

D. A. WILMART. Arca Noe. — D. J. CHAPMAN. Donatus the Great and Donatus of Casae Nigrae. — D. G. MORIN. La formation des légendes provençales. Faits et aperçus nouveaux. — D. P. DE PUNIET. Le nouveau papyrus liturgique d'Oxford. — D. R. ANCEL. Le procès et la disgrâce des Carafa: XIV. Les résultats de l'instruction. — D. P. DE MEESTER. Études sur la théologie orthodoxe. Le péché originel. — *Notes et Documents.* — D. D. DE BRUYNE. Une ancienne version latine inédite d'une lettre d'Arius — D. U. BERLIÈRE. Emmanuel, évêque de Crémone — D. R. THIBAUT. Les récents bibliographes de l'œuvre littéraire des Mauristes. — COMPTES RENDUS. NOTES BIBLIOGRAPHIQUES.

N° 2. AVRIL 1909.

D. A. WILMART. Trois nouveaux fragments de l'ancienne Version des Prophètes. — D. G. MORIN. Un traité pélagien inédit du commencement du vᵉ siècle. — D. R. ANCEL. Le procès et la disgrâce des Carafa. XV. La défense. XVI. La sentence et l'exécution. — *Notes et documents.* — D. J. CHAPMAN. La date du livre d'Elcha saï— D. G. MORIN. Notes sur un manuscrit des homélies du Pseudo-Fulgence - D. U. BERLIÈRE. Lettre de D. Le Clerc, bénédictin de Saint-Maur, à D. Blampin sur l'édition de St Augustin. — COMPTES RENDUS. NOTES BIBLIOGRAPHIQUES. — D. U. BERLIÈRE. Bulletin d'histoire bénédictine.

N° 3. JUILLET 1909.

D. G. MORIN. Un traité priscillianiste inédit sur la Trinité. — D. A. WILMART. Un missel grégorien ancien. — D. R. ANCEL. Le procès et la disgrâce des Carafa. XVII. L'héritage des condamnés. XVIII. La révision du procès et la réhabilitation sous Pie V. — D. P. DENIS. Le Cardinal de Fleury, dom Alaydon et dom Thuillier. — D. P. DE MEESTER. Études sur la théologie orthodoxe. La Providence de Dieu. — NOTES ET DOCUMENTS. — D. A. WILMART. Un mot d'explication à propos des nouveaux fragments des prophètes — A. STANLEY PEACE. Iterum Hieronymiana. — D. G. MORIN. Noël en Novembre ? — D. U. BERLIÈRE. Deux actes concernant Guibert Martin, abbé de Gembloux. — CHRONIQUE. COMPTES RENDUS. NOTES BIBLIOGRAPHIQUES.

N° 4. OCTOBRE 1909.

D. G. MORIN. Examen des écrits attribués à Arnobe le Jeune. — D. I. SCHUSTER. Martyrologium Pharphense, ex apographo. C. Tamburini codicis sæculi XI., *Notes et documents.* — D. G. MORIN. I. Un texte préhiéronymien du cantique de l'apocalypse : l'hymne *Magna et mirabilia.* II. Les *Tractatus* de saint Jérôme sur les Psaumes X et XV. — P. PASCHINI. Chromatius d'Aquilée et le Commentaire pseudo-hiéronymien sur les Evangiles. — D. A. WILMART. Les *Monita* de l'abbé Porcaire. — D. D. DE BRUYNE. Nouveaux fragments de l'*Itinerarium Eucheriae.* — COMPTES RENDUS. NOTES BIBLIOGRAPHIQUES. — D. U. BERLIÈRE. Bulletin d'histoire bénédictine.

DIJON, IMPRIMERIE DARANTIERE

Librairie H. CHAMPION, éditeur, 5, Quai Malaquais, Paris

H. COURTEAULT, archiviste aux archives nationales
LE BOURG SAINT-ANDEOL
Essai sur les constitutions et l'état social d'une ville du Midi de la France au Moyen Age.
Fort vol. in-4ᵉ de grand luxe sur papier de Hollande, nombreuses planches...................... **25 fr.**

L'ŒUVRE DE RABELAIS
(SOURCES, INVENTION ET COMPOSITION)
Par Jean PLATTARD, agrégé de l'Université, Docteur ès lettres.
1 vol. gr. in-8 raisin de 400 pages. — Prix, franco........... **8 fr.**

Table de matières. — Avant-propos. — Bibliographie.
CHAPITRE PREMIER : Les rapports de l'œuvre de Rabelais avec la littérature romanesque de son temps. — I. Les rapports de l'œuvre de Rabelais avec les romans de chevalerie. — II. Influence des romans de prouesses « gigantales » sur le roman de Rabelais. Emprunts. Imitations. — III. L'enrichissement de l'œuvre par l'expérience de la vie et la culture intellectuelle.
CHAPITRE II : Les souvenirs du temps de moinage.
CHAPITRE III. La « Respublica Scholastica » dans l'œuvre de Rabelais. — I. Le pays latin. — La rencontre de l'Ecolier Limousin. — III. Le « Répertoire » de la « librairie de Saint-Victor ». — IV. Lettres de Gargantua à Pantagruel, étudiant à Paris. — V. La rencontre de Panurge. — VI. L'argumentation par signes entre Thaumaste et Panurge. — VII. L'éducation de Gargantua. — VIII. L'ambassade de Janotue de Bragmardo. — IX. La Scholastique.
CHAPITRE IV : Le Droit, les Etudes juridiques et les Légistes. — I. Comment Rabelais fut initié aux études. II. Le procès des deux gros seigneurs Baisecul et Humevesue. — III. Le plaidoyer de Bridoye. — IV. Les « Uranopètes Décrétales ».
CHAPITRE V : Les sciences médicales. — I. Les études médicales de Rabelais. — II. Utilisation des sciences médicales dans les développements accessoires. — III Développements dont l'invention principale se rattache aux sciences médicales : la double description du microcosme ; la consultation de Rondibilis ; la description de Pantagruélion ; l'anatomie de Caresme-Prenant.
CHAPITRE VI. L'Humanisme. — Première partie : Catalogue des sources anciennes et des sources modernes de l'érudition antique de Rabelais. — Deuxième partie : Influence de l'humanisme sur l'invention et la composition du roman de Rabelais. Les caractères de l'humanisme de Rabelais. L'influence des philosophes et des moralistes. L'érudition proprement dite. L'invention de l'érudition. L'élaboration de l'érudition. L'influence de l'humanisme sur l'art de Rabelais. Traductions. Pastiche.
CHAPITRE VII : L'Esprit populaire. — L'Esprit populaire. — 1. Le comique de mots, A. Jeux d'esprit sur les mots. B. Jeux d'esprit sur les métaphores. G. Devinettes et énigmes. — 2. Le comique de situation : A. Mystification et farces. B. La Nouvelle.
CHAPITRE VIII : Les Caractères généraux du style. — 1. Influence humaniste. — 1. Influence populaire. — 3. L'originalité.
CONCLUSION.

Les Jongleurs en France au Moyen Age
Par Edmond FARAL
Ancien élève de l'Ecole Normale et de l'Ecole des Hautes Études, Professeur agrégé de l'Université
Fort vol. in-8 raisin de x-339 pages..................................... **7 fr. 50**

Du même auteur :

MIMES FRANÇAIS DU XIIIᵉ SIÈCLE
Contribution à l'histoire du théâtre comique au moyen âge
In-8, de xv-130 pages.. **5 fr.**

LE CLUB DES CORDELIERS
Pendant la crise de Varennes et le massacre du Champ de Mars
Documents en grande partie inédits publiés avec des éclaircissements, des notes et une planche
Par Albert MATHIEZ
Fort vol. in-8 raisin, de lv-392 pages..................................... **7 fr. 50**

Mélanges de Philologie romane et d'histoire littéraire
Offerts à M. **Maurice WILMOTTE**, professeur à l'Université de Liège, à l'occasion de son 25ᵉ anniversaire d'enseignement
Un tome en 2 volumes in-8 de 1008 pages, avec fac-similés et portrait..................... **20 fr.**
Presque épuisé dès sa parution
Articles de MM. Bédier, Bourciez, Bovy, Clédat, G. Cohen, L. Constans, Dottin, Gauchat, Horning, Jeanroy, Lanson, A. Lefranc, Menendez Pidal, Meyer-Lübke, G. Monod, Novati, E. Picot, M. Prou, P. Rajna, G. Raynaud, E. Roy, Salverda de Grave, H. Schneegans, Stengel, Van Hamel, Vising, Wahlund, etc., etc.

BIBLIOTHÈQUE DU XVᵉ SIÈCLE
Tome XI
Pierre CHAMPION
LA LIBRAIRIE DE CHARLES D'ORLÉANS
In-8 de lxxix-128 pages et album in-folio de 34 phototypies................................. **20 fr.**
Dernier volume paru tome X, L. Caillet. — Etude sur les relations de Lyon avec le Maconnais et la Bresse au xvᵉ siècle. 1909. In-8................................. **2 fr. 50**

Bibliothèque de l'Institut Français de Florence (Université de Grenoble)
Première série — Tome I
Documenti bibliografici e critici per la storia della fortuna del Fenelon in Italia, par G. Maugain. In-8 xxi-229 pages.. **7 fr. 50**
préparation : **Bibliothèque de l'Institut Français de Florence**, tomes II à VIII

www.ingramcontent.com/pod-product-compliance
Lightning Source LLC
LaVergne TN
LVHW022257030726
842520LV00009B/2987